Impressum
Verlag: BABADADA GmbH, Nedderfeld 112 , 22529 Hamburg
Geschäftsführer / Verlagsleitung: Harald Hof
Druck: Books on Demand GmbH, In de Tarpen 42, 22848 Norderstedt

Imprint
Publisher: BABADADA GmbH, Nedderfeld 112 , 22529 Hamburg, Germany
Managing Director / Publishing direction: Harald Hof
Print: Books on Demand GmbH, In de Tarpen 42, 22848 Norderstedt

school

училище

divide
деление

186/2

board
черна дъска

classroom
класна стая

school yard
училищен двор

teacher
учител

paper
хартия

write
пиша

pen
химикал

desk
бюро

ruler
линеал

book
книга

pupil
ученик

satchel

ученическа раница

pencil case

ученически несесер

pencil

молив

pencil sharpener

острилка за моливи

rubber

гума

drawing pad

блок за рисуване

drawing

рисунка

paintbrush

четка

paint box

акварелни бои

scissors

ножица

glue

лепило

exercise book

тетрадка за упражнения

homework

домашна работа

number

число

add

събиране

subtract

изваждане

multiply

умножение

calculate

смятане

letter

буква

alphabet

азбука

word

дума

text

текст

read

чета

chalk

тебешир

lesson

час

register

дневник на класа

examination

изпит

certificate

свидетелство

school uniform

ученическа униформа

education

образование

encyclopedia

справочник

university

университет

microscope

микроскоп

map

карта

waste-paper basket

кошче за хартиени отпадъци

hotel
хотел

hostel
хостел

currency exchange office
обменно бюро

car
кола

language

език

yes / no

да / не

Okay

Окей

hello

здравей

translator

преводач

Thank you

Благодаря

how much is...?

Колко струва...?

I don't get it

Не разбирам

problem

проблем

Good evening!

Добър вечер!

Good morning!

Добро утро!

Good night!

Лека нощ!

goodbye

довиждане

direction

посока

luggage

багаж

bag

пътна чанта

backpack

раница

guest

посетител

room

стая

sleeping bag

спален чувал

tent

палатка

tourist information

туристическа информация

beach

плаж

credit card

кредитна карта

breakfast

закуска

lunch

обед

dinner

вечеря

Ticket

билет

elevator

асансьор

stamp

пощенска марка

border

граница

customs

митница

embassy

посолство

visa

виза

passport

паспорт

airplane
самолет

ship
кораб

fire truck
пожарна кола

bus
автобус

truck
товарен автомобил

motorboat
моторна лодка

bike
велосипед

car
кола

ferry

ферибот

boat

лодка

motorbike

мотоциклет

police car

полицейска кола

racing car

състезателна кола

rental car

кола под наем

car sharing

каршеринг

tow truck

автомобил от "Пътна помощ"

garbage truck

сметовоз

engine

двигател

fuel

бензин

fuel station

бензиностанция

traffic sign

пътен знак

traffic

улично движение

traffic jam

задръстване

parking lot

паркинг

train station

гара

tracks

релси

train

влак

tram

трамвай

wagon

вагон

transport - транспорт

helicopter

хеликоптер

airport

аерогара

tower

кула

passenger

пасажер

container

контейнер

carton

кашон

cart

ръчна количка

basket

кошница

take off / land

излитам / приземявам се

city

град

village

село

city center

градски център

house

къща

- movie theater — кино
- advert — реклама
- street light — уличен фенер
- street — улица
- taxi — такси
- snack shop — павилион
- pedestrian — пешеходец
- sidewalk — тротоар
- zebra crossing — пешеходна пътека
- dumpster — голяма кофа за смет
- crossing — кръстовище
- traffic lights — светофар

CINEMA

hut

хижа

apartment

жилище

train station

гара

city hall

кметство

museum

музей

school

училище

city - град

university

университет

bank

банка

hospital

болница

hotel

хотел

pharmacy

аптека

office

офис

book shop

книжарница

shop

магазин за цветя

flower shop

магазин за цветя

supermarket

супермаркет

market

пазар

department store

универсален магазин

fishmonger's shop

търговец на риба

mall

търговски център

harbor

пристанище

park

парк

bench

пейка

bridge

мост

stairs

стълба

subway

метро

tunnel

тунел

bus stop

автобусна спирка

bar

бар

restaurant

ресторант

postbox

пощенска кутия

street sign

улична табелка

parking meter

часовник за паркинг
престой

zoo

зоологическа градина

swimming pool

плувен басейн

mosque

джамия

farm

селски двор

pollution

замърсяване на околната среда

cemetery

гробище

church

църква

playground

детска площадка

temple

храм

landscape

пейзаж

signpost
пътепоказател

path
път

meadow
ливада

stone
камък

tree
дърво

hiker
пътешественик

river
река

grass
трева

flower
цвете

valley

долина

hill

планина

lake

море

forest

гора

desert

пустиня

volcano

вулкан

castle

замък

rainbow

дъга

mushroom

гъба

palm tree

палма

mosquito

комар

fly

муха

ant

мравка

bee

пчела

spider

паяк

landscape - пейзаж

beetle

бръмбар

frog

жаба

squirrel

катеричка

hedgehog

таралеж

hare

заек

owl

кукумявка

bird

птица

swan

лебед

boar

диво прасе

deer

елен

moose

лос

dam

бент

wind turbine

вятърна турбина

solar panel

соларен модул

climate

климат

waiter
келнер

menu
меню

chair
стол

soup
супа

pizza
пица

cutlery
прибори за хранене

tablecloth
покривка за маса

starter
предястие

main course
основно ястие

dessert
десерт

drinks
напитки

food
ядене

bottle
бутилка

fast food

бързо хранене

street food

улична храна

teapot

кана за чай

sugar bowl

кутия за захар

portion

порция

espresso machine

еспресо машина

high chair

висок детски стол

bill

сметка

tray

табла

knife

ножица за нокти

fork

вилица

spoon

лъжица

teaspoon

чаена лъжичка

serviette

салфетка

glass

стъклена чаша

plate

чиния

soup plate

чиния за супа

saucer

чинийка

sauce

сос

salt shaker

солница

pepper mill

мелничка за черен пипер

vinegar

оцет

oil

олио

spices

подправки

ketchup

кетчуп

mustard

горчица

mayonnaise

майонеза

supermarket
супермаркет

special offer
оферта

customer
клиент

dairy products
млечни продукти

FOR

fruit
плодове

shopping cart
количка за покупки

butcher's shop

кланица

bakery

хлебарница

weigh

тегля

vegetables

зеленчуци

meat

месо

frozen food

дълбоко замразена храна

cold cuts

нарязан колбас или сирене

canned food

консерви

detergent

перилен препарат

candy

лакомства

household products

домакински изделия

cleaning products

почистващи препарати

sales representative

продавачка

cash register

каса

cashier

касиер

shopping list

списък на покупките

opening hours

работно време

wallet

портфейл

credit card

кредитна карта

bag

чанта

plastic bag

пластмасова торба

supermarket - супермаркет

water

вода

juice

сок

milk

мляко

coke

кола

wine

вино

beer

бира

alcohol

алкохол

cocoa

какао

tea

чай

coffee

кафе машина

espresso

еспресо

cappuccino

капучино

banana

банан

apple

ябълка

orange

портокал

melon

пъпеш

lemon

лимон

carrot

морков

garlic

чесън

bamboo

бамбук

onion

лук

mushroom

гъба

nuts

ядки

noodles

макарони

spaghetti

спагети

rice

ориз

salad

салата

fries

пържени картофи

fried potatoes

печени картофи

pizza

пица

hamburger

хамбургер

sandwich

сандвич

escalope

шницел

ham

шунка

salami

траен колбас

sausage

салам

chicken

пиле

roast

печено

fish

риба

porridge oats

овесени ядки

muesli

мюсли

cornflakes

корнфлейкс

flour

брашно

croissant

кроасан

bread roll

хлебчета

bread

хляб

toast

препечена филийка

cookies

бисквити

butter

масло

curd

извара

cake

сладкиш

egg

яйце

fried egg

яйца на очи

cheese

сирене

ice cream

сладолед

sugar

захар

honey

мед

jelly

мармалад

nougat cream

нуга крем

curry

къри

goat

коза

cow

крава

calf

теле

pig

свиня

piglet

прасенце

bull

бик

goose

гъска

duck

патица

chick

пиленце

hen

кокошка

cockerel

петел

rat

плъх

cat

котка

mouse

мишка

ox

вол

dog

куче

dog house

кучешка колиба

garden hose

градински маркуч

watering can

лейка

scythe

коса

plow

плуг

sickle

сърп

hoe

мотика

pitchfork

вила за тор

axe

брадва

pushcart

ръчна количка

trough

корито

milk can

съд за мляко

sack

чувал

fence

ограда

stable

обор

greenhouse

парник

soil

земя

seed

сеитба

fertilizer

тор

combine harvester

комбайн

harvest

жъна

harvest

реколта

yams

ямс

wheat

жито

soya

соя

potato

картоф

corn

царевица

rapeseed

рапица

fruit tree

овощно дърво

manioc

маниока

grain

зърнени храни

living room

всекидневна

bathroom

баня

kitchen

кухня

bedroom

спалня

kids room

детска стая

dining room

трапезария

floor

под

wall

стена

ceiling

таван

cellar

изба

sauna

сауна

balcony

балкон

terrace

тераса

pool

плувен басейн

lawn mower

косачка

sheet

спално бельо

bedspread

покривка за легло

bed

легло

broom

метла

bucket

кофа

switch

електрически ключ

carpet

килим

drape

завеса

table

маса

chair

стол

rocking chair

люлеещ се стол

armchair

кресло

book

книга

blanket

одеяло

decoration

декорация

firewood

дърва за отопление

film

филм

stereo system

стерео уредба

key

ключ

newspaper

вестник

painting

живопис

poster

постер

radio

радио

notebook

бележник

vacuum cleaner

прахосмукачка

cactus

кактус

candle

свещ

fridge
хладилник

microwave oven
микровълнова фурна

kitchen scales
кухненска везна

toaster
тостер

laundry detergent
почистващо средство

stove
фурна

freezer
хладилна камера

dishwasher
миялна машина

cooker
....
готварска печка

pot
....
тенджера

cast-iron pot
....
желязна тенджера

wok / kadai
....
уок / кадаи

pan
....
тиган

kettle
....
кана за затопляне на вода

steamer

уред за готвене на пара

baking tray

тава за печене

crockery

съдове

mug

чаша

bowl

купа

chopsticks

клечки за хранене

ladle

черпак

spatula

лопатка за тиган

whisk

тел за разбиване (на яйца, белтъци)

strainer

кошница за варене

sieve

гевгир

grater

ренде

mortar

хаван

barbecue

барбекю

fireplace

огнище

chopping board

дъска

rolling pin

точилка

corkscrew

тирбушон

can

кутия

can opener

отварачка за консерви

oven cloth

кухненска ръкохватка

sink

мивка

brush

четка

sponge

гъба

blender

миксер

deep freezer

фризер

baby bottle

бебешко шише

tap

воден кран

heating
отопление

towel
хавлиена кърпа

shower
душ

bubble bath
шампоан за вана

shower curtain
завеса за баня

bathtub
вана

glass
стъклена чаша

washing machine
перална машина

tap
воден кран

tiles
плочки

potty
гърне

sink
мивка

toilet	squat toilet	bidet
тоалетна	клекало	биде
urinal	toilet paper	toilet brush
писоар	тоалетна хартия	четка за тоалетна

toothbrush

четка за зъби

toothpaste

паста за зъби

dental floss

конец за зъби

wash

мия

hand shower

ръчен душ

douche

интимен душ

basin

леген

back brush

четка за гръб

soap

сапун

shower gel

душ гел

shampoo

шампоан за вана

flannel

гъба за баня

drain

сифон

creme

крем

deodorant

дезодорант

mirror

огледало

hand mirror

козметично огледало

razor

ръчна самобръсначка

shaving foam

пяна за бръснене

aftershave

одеколон за след
бръснене

comb

гребен

brush

четка

hair-dryer

сешоар

hairspray

спрей за коса

makeup

грим

lipstick

червило

nail varnish

лак за нокти

cotton wool

памук

nail scissors

ножица за нокти

perfume

парфюм

washbag

тоалетна чантичка

stool

табуретка

weighing scales

везна

bathrobe

хавлия

rubber gloves

домакински ръкавици

tampon

тампон

sanitary towel

дамски преврръзки

chemical toilet

химическа тоалетна

детска стая

alarm clock
будилник

cuddly toy
плюшена играчка

toy car
автомобил играчка

doll's house
къща за кукли

present
подарък

rattle
дрънкалка

balloon

балон

bed

легло

stroller

детска количка

deck of cards

игра на карти

jigsaw

пъзел

comic

комикс

lego bricks

лего елементи

toy blocks

строителни елементи

action figure

екшън фигурка

romper suit

бебешки гащеризон

frisbee

фрисби

mobile

бебешки играчки за легло

board game

настолна игра

dice

зарче

model train set

миниатюрно влакче

pacifier

биберон

party

парти

picture book

детска книга с илюстрации

ball

топка

doll

кукла

play

играя

sandpit

пясъчник

swing

люлка

toys

играчка

video game console

игрова конзола

tricycle

велосипед с три колелета

teddy bear

плюшено мече

wardrobe

гардероб

clothing

облекло

socks

къси чорапи

stockings

дълги чорапи

tights

чорапогащник

scarf
шал

umbrella
чадър

t-shirt
Т-шърт

belt
колан

boots
ботуши

slippers
пантофи

sneakers
гуменки

sandals
....
сандали

shoes
....
обувки

rubber boots
....
гумени ботуши

underwear
....
слип

bra
....
сутиен

undershirt
....
долна блуза

clothing - облекло

body

боди

pants

панталон

jeans

дънки

skirt

пола

blouse

блуза

shirt

риза

pullover

пуловер

sweater

суичър

blazer

блейзър

jacket

яке

coat

палто

raincoat

дъждобран

costume

костюм

dress

рокля

wedding dress

булчинска рокля

suit
костюм

nightgown
нощница

pajamas
пижама

sari
сари

headscarf
кърпа за глава

turban
тюрбан

burka
бурка

kaftan
кафтан

abaya
абая

swimsuit
бански костюм

trunks
плувни шорти

shorts
къс панталон

tracksuit
анцуг

apron
престилка

gloves
ръкавици

button

копче

glasses

очила

bracelet

гривна

necklace

верижка

ring

пръстен

earring

обеца

cap

каскет

coat hanger

закачалка

hat

шапка

tie

вратовръзка

zip

цип

helmet

каска

braces

тиранти

school uniform

ученическа униформа

uniform

униформа

bib
....
лигавник

pacifier
....
биберон

diaper
....
пелена

office
офис

server
сървър

filing cabinet
шкаф за документи

printer
принтер

monitor
монитор

paper
хартия

mouse
мишка

desk
бюро

folder
папка

keyboard
клавиатура

chair
стол

waste-paper basket
кошче за хартиени отпадъци

computer
компютър

coffee mug
....
чаша за кафе

calculator
....
джобен калкулатор

internet
....
интернет

laptop

лаптоп

letter

писмо

message

съобщение

cell phone

мобилен телефон

network

мрежа

photocopier

ксерокс

software

софтуер

telephone

телефон

plug socket

контакт

fax machine

факс

form

формуляр

document

документ

buy

купувам

pay

плащам

trade

търгувам

money

пари

dollar

долар

euro

евро

yen

йена

rouble

рубла

Swiss franc

швейцарски франк

renminbi yuan

ренминби юан

rupee

рупия

cash point

банкомат

currency exchange office

обменно бюро

gold

злато

silver

сребро

oil

нефт

energy

енергия

price

цена

contract

договор

tax

данък

stock

акция

work

работя

employee

служител

employer

работодател

factory

фабрика

shop

магазин за цветя

economy - икономика

police officer
полицай

fireman
пожарникар

cook
готвач

doctor
лекар

pilot
пилот

gardener

градинар

carpenter

мебелист

seamstress

шивачка

judge

съдия

chemist

химик

actor

артист

bus driver

шофьор на автобус

taxi driver

шофьор на такси

fisherman

рибар

cleaning lady

чистачка

roofer

майстор на покриви

waiter

келнер

hunter

ловец

painter

художник

baker

хлебар

electrician

електротехник

builder

строителен работник

engineer

инженер

butcher

касапин

plumber

тенекеджия

postman

пощальон

soldier

войник

architect

архитект

cashier

касиер

florist

цветар

hairdresser

фризьор

conductor

кондуктор

mechanic

механик

captain

капитан

dentist

зъболекар

scientist

научен работник

rabbi

равин

imam

имàм

monk

монах

pastor

свещеник

hammer
чук

pliers
клещи

screwdriver
отвертка

wrench
гаечен ключ

torch
джобна лампа

excavator

багер

toolbox

кутия за инструменти

ladder

стълба

saw

трион

nails

пирони

drill

бормашина

repair

ремонтирам

shovel

лопата

Damn!

По дяволите!

dustpan

лопатка за смет

paint can

кутия за боя

screws

болтове

musical instruments
музикални инструменти

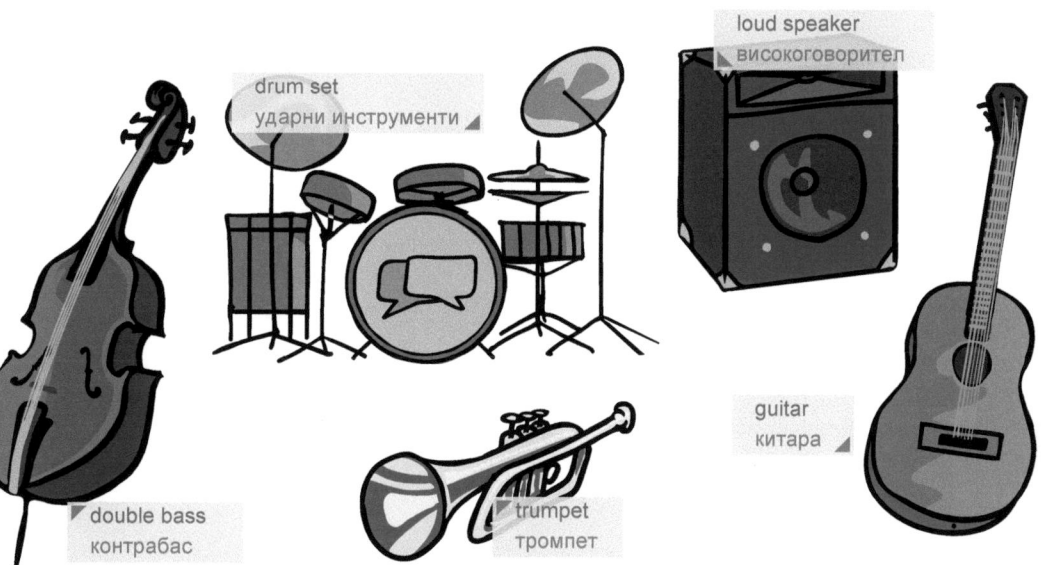

loud speaker
високоговорител

drum set
ударни инструменти

double bass
контрабас

trumpet
тромпет

guitar
китара

piano

пиано

violin

виолина

bass

контрабас

timpani

тимпан

drums

барабан

keyboard

електрическо пиано

saxophone

саксофон

flute

флейта

microphone

микрофон

tiger
тигър

entrance
вход

cage
бръмбар

zebra
зебра

animal feed
храна за животни

panda
панда

animals

животни

elephant

слон

kangaroo

кенгуру

rhino

носорог

gorilla

горила

bear

мечка

camel

камила

ostrich

щраус

lion

лъв

monkey

маймуна

flamingo

фламинго

parrot

папагал

polar bear

бяла мечка

penguin

пингвин

shark

акула

peacock

паун

snake

змия

crocodile

крокодил

zookeeper

пазач в зоологическа
градина

seal

тюлен

jaguar

ягуар

zoo - зоологическа градина

pony

пони

leopard

леопард

hippo

хипопотам

giraffe

жираф

eagle

орел

boar

диво прасе

fish

риба

turtle

костенурка

walrus

морж

fox

лисица

gazelle

газела

American football
американски футбол

cycling
колоездене

tennis
тенис

basketball
баскетбол

swimming
плуване

boxing
бокс

ice hockey
хокей на лед

soccer
футбол

badminton
бадминтон

athletics
лека атлетика

handball
хандбал

skiing
ски бягане

polo
поло

laugh
смея се

jump
скачам

hug
прегръщам

walk
вървя

sing
пея

dream
сънувам

pray
моля се

kiss
целувам

write
пиша

draw
рисувам

show
показвам

push
бутам

give
давам

take
взимам

have
имам

do
правя

be
съм

stand
стоя

run
тичам

pull
дърпам

throw
хвърлям

fall
падам

lie
лежа

wait
чакам

carry
нося

sit
седя

get dressed
обличам

sleep
спя

wake up
събуждам се

look at

разглеждам

cry

плача

stroke

милвам

comb

реша се

talk

говоря

understand

разбирам

ask

питам

listen

слушам

drink

пия

eat

ям

tidy up

разтребвам

love

обичам

cook

готвя

drive

карам автомобил

fly

летя

sail

плавам (с платна)

calculate

смятане

read

чета

learn

уча

work

работя

marry

женя се

sew

шия

brush teeth

измивам си зъбите

kill

убивам

smoke

пуша

send

изпращам

grandmother
баба

grandfather
дядо

father
баща

mother
майка

baby
бебе

daughter
дъщеря

son
син

guest

посетител

aunt

леля

uncle

чичо

brother

брат

sister

сестра

forehead
чело

eye
око

shoulder
рамо

finger
пръст

face
лице

chin
брадичка

hand
ръка

breast
гърди

leg
крак

arm
ръка

baby
бебе

man
мъж

woman
жена

girl
момиче

boy
момче

head
глава

back

гръб

belly

корем

navel

пъп

toe

пръст на крака

heel

пета

bone

кост

hip

хълбок

knee

коляно

elbow

лакът

nose

нос

buttocks

седалище

skin

кожа

cheek

буза

ear

ухо

lip

устна

mouth

уста

tooth

зъб

tongue

език

brain

мозък

heart

сърце

muscle

мускул

lung

бял дроб

liver

черен дроб

stomach

стомах

kidneys

бъбреци

sex

полово сношение

condom

кондом

ovum

яйцеклетка

semen

сперма

pregnancy

бременност

menstruation

менструация

vagina

вагина

penis

пенис

eyebrow

вежда

hair

коса

neck

шия

hospital
болница

ambulance
линейка

wheelchair
инвалидна количка

fracture
фрактура

doctor

лекар

emergency room

спешна хоспитализация

nurse

медицинска сестра

emergency

спешен случай

unconscious

в безсъзнание

pain

болка

injury

нараняване

bleeding

кървене

heart attack

инфаркт

stroke

инсулт

allergy

алергия

cough

кашлица

fever

температура

flu

грип

diarrhea

диария

headache

главоболие

cancer

рак

diabetes

диабет

surgeon

хирург

scalpel

скалпел

operation

операция

CT

компютърна томография

x-ray

рентген

ultrasound

ултразвук

face mask

маска

disease

болест

waiting room

чакалня

crutch

патерица

plaster

пластир

bandage

превръзка

injection

инжекция

stethoscope

стетоскоп

stretcher

носилка

clinical thermometer

термометър

birth

раждане

overweight

наднормено тегло

hearing aid

слухов апарат

disinfectant

дезинфекционно средство

infection

инфекция

virus

вирус

HIV / AIDS

HIV / AIDS

medicine

медицина

vaccination

ваксинация

tablets

таблети

pill

противозачатъчна таблетка

emergency call

спешно телефонно обаждане

blood pressure monitor

апарат за измерване на кръвното налягане

ill / healthy

болен / здрав

Help!

Помощ!

alarm

сигнал за тревога

assault

нападение

attack

атака

danger

опасност

emergency exit

авариен изход

Fire!

Пожар!

fire extinguisher

пожарогасител

accident

злополука

first-aid kit

комплект за оказване на
първа помощ

SOS

SOS

police

полиция

Europe

Европа

North America

Северна Америка

South America

Южна Америка

Africa

Африка

Asia

Азия

Australia

Австралия

Atlantic

Атлантически океан

Pacific

Тихи океан

Indian Ocean

Индийски океан

Antarctic Ocean

Южен ледовит океан

Arctic Ocean

Северен ледовит океан

North pole

Северен полюс

South pole

Южен полюс

Antarctica

Антарктида

earth

Земя

land

суша

sea

море

island

остров

nation

нация

state

държава

clock face

циферблат

hour hand

стрелка на часовете

minute hand

стрелка на минутите

second hand

стрелка на секундите

What time is it?

Колко е часът?

day

ден

time

време

now

сега

digital watch

дигитален часовник

minute

минута

hour

час

Monday понеделник
Wednesday сряда
Friday петък
Tuesday вторник
Thursday четвъртък
Saturday събота
Sunday неделя

yesterday

вчера

today

днес

tomorrow

утре

morning

сутрин

noon

обед

evening

вечер

workdays

работни дни

weekend

уикенд

rain
дъжд

snow
сняг

spring
пролет

wind
вятър

fall
есен

summer
лято

winter
зима

weather forecast

прогноза за времето

thermometer

термометър

sunshine

слънчева светлина

cloud

облак

fog

мъгла

humidity

влажност на въздуха

lightning

светкавица

thunder

гръмотевица

storm

буря

hail

градушка

monsoon

мусон

flood

наводнение

ice

лед

January

януари

February

февруари

March

март

April

април

May

май

June

юни

July

юли

August

август

September

септември

October

октомври

November

ноември

December

декември

shapes
форми

circle

кръг

square

квадрат

rectangle

четириъгълник

triangle

триъгълник

sphere

сфера

cube

куб

цветове

white
....
бял

yellow
....
жълт

orange
....
оранжев

pink
....
розов

red
....
червен

purple
....
лилав

blue
....
син

green
....
зелен

brown
....
кафяв

gray
....
сив

black
....
черен

a lot / a little

много / малко

angry / calm

ядосан / спокоен

beautiful / ugly

красив / грозен

beginning / end

начало / край

big / small

голям / малък

bright / dark

светъл / тъмен

brother / sister

брат / сестра

clean / dirty

чист / мръсен

complete / incomplete

пълен / непълен

day / night

ден / нощ

dead / alive

мъртъв / жив

wide / narrow

широк / тесен

edible / inedible

ядлив / неядлив

evil / kind

сърдит / любезен

excited / bored

развълнуван / скучаещ

fat / thin

дебел / тънък

first / last

най-напред / най-накрая

friend / enemy

приятел / враг

full / empty

пълен / празен

hard / soft

твърд / мек

heavy / light

тежък / лек

hunger / thirst

глад / жажда

ill / healthy

болен / здрав

illegal / legal

нелегален / легален

intelligent / stupid

интелигентен / глупав

left / right

ляво / дясно

near / far

близо / далече

new / used

нов / употребяван

nothing / something

нищо / нещо

old / young

стар / млад

on / off

вкл. / изкл.

open / closed

отворен / затворен

quiet / loud

тих / силен (звук)

rich / poor

богат / беден

right / wrong

правилен / погрешен

rough / smooth

грапав / гладък

sad / happy

тъжен / щастлив

short / long

дълъг / къс

slow / fast

бавен / бърз

wet / dry

мокър / сух

warm / cool

топъл / студен

war / peace

война / мир

0

zero

нула

1

one

едно

2

two

две

3

three

три

4

four

четири

5

five

пет

6

six

шест

7

seven

седем

8

eight

осем

9

nine

девет

10

ten

десет

11

eleven

единадесет

12

twelve

дванадесет

13

thirteen

тринадесет

14

fourteen

четиринадесет

15

fifteen

петнадесет

16

sixteen

шестнадесет

17

seventeen

седемнадесет

18

eighteen

осемнадесет

19

nineteen

деветнадесет

20

twenty

двадесет

100

hundred

сто

1.000

thousand

хиляда

1.000.000

million

милион

езици

English
английски

American English
американски английски

Chinese Mandarin
китайски мандарин

Hindi
хинди

Spanish
испански

French
френски

Arabic
арабски

Russian
руски

Portuguese
португалски

Bengali
бенгалски

German
немски

Japanese
японски

I

аз

you

ти

he / she / it

той / тя / то

we

ние

you

вие

they

те

who?

кой?

what?

какво?

how?

как?

where?

къде?

when?

кога?

name

име

behind

зад

in

в

in front of

пред

over

над

on

върху

under

под

beside

до

between

между

place

място